시티 앤 더 클래식

국공립 도서관 사서들이 추천하는 클래식 도서

시티 앤 더 클래식

초판 1쇄 인쇄일 2024년 01월 11일
초판 1쇄 발행일 2024년 01월 22일

지은이 정재윤
펴낸이 양옥매
디자인 표지혜
마케팅 송용호
교　정 조준경

펴낸곳 도서출판 책과나무
출판등록 제2012-000376
주소 서울특별시 마포구 방울내로 79 이노빌딩 302호
대표전화 02.372.1537 **팩스** 02.372.1538
이메일 booknamu2007@naver.com
홈페이지 www.booknamu.com
ISBN 979-11-6752-414-0 (03670)

국공립 도서관 사서들이 추천하는 클래식 도서

시티 앤 더 클래식

정재윤 ｜ 지음

CLASSIC

책과나무

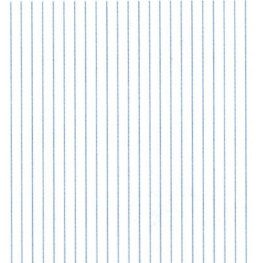

'클래식 음악을 들을 때 쉽게 와 닿지 않는데 어느 부분에 집중하여 들어야 하나요?'
'클래식 음악을 쉽고 재미있게 접하는 방법이 있나요?'
'클래식이 사람들에게 익숙하지 않음에도 지금까지 사랑받는 이유는 뭐라고 생각하시나요?'

1천 5백여 회가 넘는 클래식 강연을 진행하면서 현장에서 받았던 생생한 질문들이다. 가장 많이 받은 질문은 어떻게 하면 클래식 음악을 쉽게 접하고 효과적으로 들을 수 있는지에 대한 내용이었다. 클래식 음악에 관한 칼럼을 쓰고, 라디오에서 클래식 음악을 소개하였으며, 팟캐스트 〈클래식피크닉〉을 진행해 왔고, 현장으로 찾아가 클래식 강연을 했다. 20여 년간 받은 수많은 DM과 댓글, 강의 현장

질문 등을 분석해 주제를 선정하였고, 음악을 전혀 몰라도 재미있게 읽을 수 있는 클래식 교양서를 만들기 위해 펜을 들었다.

작곡을 전공한 나는 수백 개의 악보가 쌓여 있어도 누구의 악보인지 구분할 수 있다. 사람마다 악보가 달라서, 음표의 머리가 크기도 하고 작기도 하고, 동그랗기도 하고 타원이기도 하고 네모지기도 하다. 기둥이나 꼬리가 길기도 하고 짧기도 하고 웨이브지기도 하다.

악보 속에는 작곡가의 삶과 시간이 고스란히 담겨 있다. 귀족 밑에서 매일 행사 음악을 작곡하느라 바빴던 하이든은 빠르게 악보를 써야 했기에 알아보기 힘들 만큼 날려 그렸고, 스무 명이 넘는 자녀를 기르며 천여 곡을 작곡한 꼼꼼한 성격의 성실한 가장 바흐는 자로 그린 것처럼 반듯하고, 청력 상실의 고통 속에서 떠오르는 악상을 끊임없이 쓰고 지운 베토벤의 악보는 지운 자국과 메모로 오선지가 새까맣다.

또 작곡가의 곡 속에는 누구와 어떠한 시대를 살아왔는지에 대한 많은 정보가 담겨 있다. 엔지니어 아버지 덕분에 수학과 과학 공부를 많이 한 '에드가 바레즈'는 〈Ionisation(이온화)〉, 〈적분〉, 〈순도 21.5〉 등 곡명도 수학적이고, 귀족들의 행사 음악을 주로 작곡한 하이든의 음악은 우아하기 이루 말할 수 없다. 720곡이나 작곡한 배경에 천재적인 악상이 있구나 싶겠지만, 살아남기 위해 매일 곡을 써야 했던 처절한 노력의 결과이다. 곡의 배경과 작곡가를 이해한다면 재미와 감동은 배가된다.

이 책의 PART 1은 음악(MUSIC)편으로 우리 생활과 가까이 있는 건강, 계절, 상식의 세 가지 주제로 선정한 곡들을 소개한다. 그리고 PART 2는 스토리(STORY)편으로 돈, 음식, 사랑, 죽음의 네 가지 주제로 나누어 지극히 사적인 작곡가의 삶과 작품 이야기를 담았다. 책 속에 삽입된 그림은 하종수 작가가 책의 스토리에 맞게 하나하나 지시하여 AI를 통해 제작한 그림이다.

글로만 읽는 책이 아니라 관련된 영상과 음원을 QR코드로 수록해 재생하며 읽을 수 있도록 만든 클래식 인터랙티브 북이다. 평론가들이 소개한 늘 똑같은 명반보다는 떠오르는 신예 연주자, 이슈가 된 연주, 콘서트홀에 있는 듯한 생생한 무대, 클래식 음악이 삽입된 영화 속 명장면 등 음악의 깊이를 더해 줄 다양한 링크를 수록했다.

BTS와 블랙핑크의 뮤직비디오만 멋진 것이 아니다. 조이스 디도나토의 〈울게 하소서〉 뮤직비디오를 본다면 연출과 연기와 노래에 깜짝 놀랄 수 있으니, 마음의 준비를 단단히 하기를.

우리가 접하는 모든 것에 음악이 깃들여 있다. 114에 전화하면 대기음으로 세레나데가 흘러나오고, 기차를 타면 모차르트 음악이 흘러나온다. 클래식 음악은 우리의 실생활에 가까이 있는데 역사적,

시대적, 또는 길고 생소한 곡명으로 이해하려다 보니 들어도 잊어버리고 어렵게 느껴질 뿐이다.

커피를 내리다 떠오른 멜로디, 3배 비싼 와인을 팔기 위한 음악, 최고 연봉 작곡가, 작곡가가 만든 요리 등 연주회 리플렛에 일일이 담을 수 없는 이야기들을 이 책에 담아 보았다. 베토벤의 작품 〈OP. 129〉의 부제가 〈잃어버린 동전에 대한 분노〉라는 것을 알게 된다면 빠른 속도로 반복되는 경쾌한 리듬과 론도 형식의 〈RONDO A CAPRICCIO OP. 129〉라는 어려운 곡명도 쉽게 느껴질 것이다.

이 책이 여러분과 작곡가 사이에 감동적인 연결 고리가 되고 클래식과 가까워지는 안내서가 되길 바란다. 언제 어디서 부담 없이 아무 곳을 펼치고 편하게 읽기를. 즐거움과 지식을 가득 담아 여러분께 보낸다. 삶의 페르마타[1]가 되기를….

2024년 1월

정재윤

• • •

1 페르마타: 늘임표. 악곡의 감정을 생각하여 음의 길이를 본래의 박자보다 2~3배 충분히 늘여 연주하라는 뜻이다.

목차

시작하며 • 4

Part 1 Music
아주 지적인 클래식

#1 알아 두면 쓸모 있는 클래식 상식

보이저 2호 타고 날아간 27곡 • 14

30년 전부터 준비한 엘리자베스 여왕의 장례식 음악 • 20

유럽을 유혹한 코르티잔의 마지막 노래 • 25

거세된 가수 카스트라토의 히트곡 • 33

열차 소리로 만든 드보르작 교향곡 • 39

김연아 피겨 음악 1위, 등골 오싹 밤 12시 해골과 춤을 • 44

#2 당신의 심박수를 올리는 클래식 음악

운동할 때 딱 좋아, 심박수 140 쾌속 질주 음악 • 52

청력을 잃은 베토벤의 잃어버린 동전에 대한 분노 • 59

볼레로가 치매 때문에 탄생했다고? • 69

심쿵 유발, 썸 타기 위해 작곡한 4Hands 곡 • 75

#3 계절 따라 달라지는 클래식 선곡

봄 향기 가득 담은 클래식 음악 • 82

여름휴가에 가져갈 머스트 해브 음악 • 103

가을의 서정성을 흠뻑 느끼고 싶다면, 녹턴 • 115

겨울 담은 가곡과 피아노로 그린 겨울 • 128

클래식 음악에도 캐럴이 있다 • 146

1월 1일이면 꼭 연주되는 왈츠 • 153

Part 2 Story
지극히 사적인 클래식

#4 떼려야 뗄 수 없는 돈과 클래식의 관계

노래 한 곡으로 인생 대박? (feat. 저작권) • 162

하이든은 사실 음악 하인이었다 • 174

성공하려면 오페라를 작곡하라 • 187

의대 출신 작곡가 VS 법대 출신 작곡가 • 211

억 소리 나는 악기들의 실체 • 242

#5 식탁 위, 아주 맛있는 클래식 한입

클래식 음악을 들으면 3배 비싼 와인을 산다 • 263

커피 한 잔 속 60개 멜로디 • 276

파리에 가면 로시니 스테이크를 먹자 • 297

#6 천재 클래식 음악가의 은밀한 사생활

스승의 아내를 사랑한 브람스 · 317

제자의 아내를 빼앗은 바그너 · 326

친구의 아내와 결혼한 푸치니 · 333

#7 알고 보면 황당한 클래식 음악가의 죽음

위대한 작곡가의 황당한 죽음 · 341

30대에 단명한 작곡가 · 353

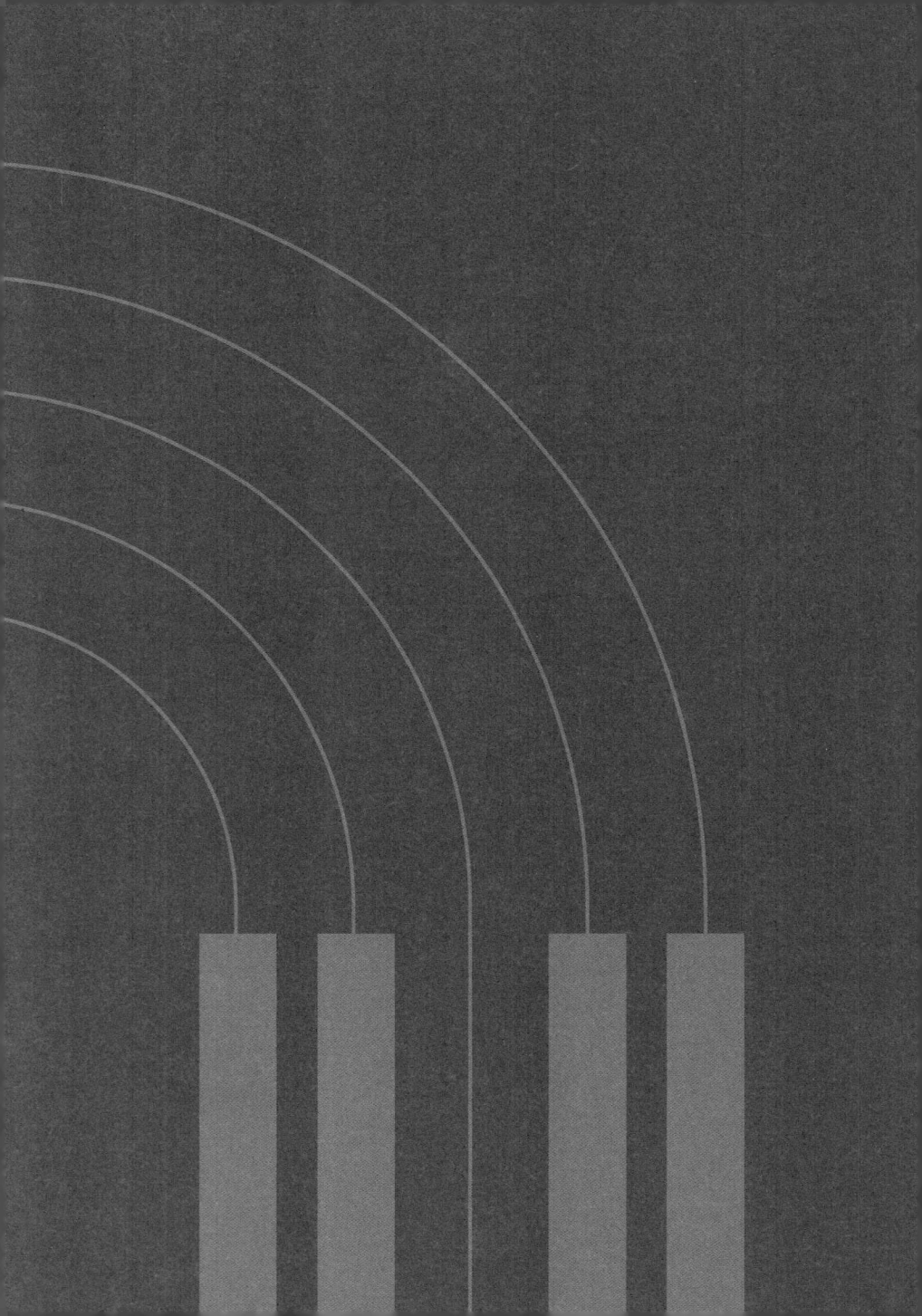